JN437362

시냇가에 심은 나무

시냇가에 심은 나무

1쇄 찍음 / 2006년 12월 20일
1쇄 펴냄 / 2006년 12월 25일

지은이 / 김덕성
펴낸이 / 김태봉
편　집 / 황은진, 김주영, 정종해
마케팅 / 박상필, 김미란, 이준혁
등　록 / 제4-414호
펴낸곳 / 도서출판 띠앗
(143-200)주소 / 서울시 광진구 구의동 243-22
전화 / (02)454-0492, 팩시밀리 (02)454-0493
HomePage http://ddiat.co.kr
E-mail ddiat@ddiat.co.kr

값 6,000원

ISBN 89-5854-043-5 03810

시냇가에 심은 나무

김덕성 시집

도서
출판 띠앗

시인의 말

글을 쓰면서 책으로 내놓으리라고는 추호도 생각하지 못했습니다. 그러나 누구나 글을 써 놓으면 출간하고 싶은 마음은 가지고 있었겠지요. 그동안 한 편, 두 편 써 놓은 글을 출간해 보라는 권유도 있고 해서 추려봅니다.

출간에 앞서 하나님께 감사드립니다.

이 시집은 하나님께 드리는 나의 기도요, 찬송이요 신앙고백입니다. 이 시집을 통해 하나님께 영광을 돌리는 동시에 기쁘시게 할 수 있기를 기도드립니다.

그리고 시의 형식보다 내용면에서 독자들에게 감동을 주며 은혜가 되어 주심을 만나는 기회가 되기를 소원합니다.

끝으로 이 시집을 삼가 사랑하는 내 아내 박삼동 권사에게 바칩니다. 그리고 아들 주환, 영환과 내 고명딸 은정과 자부 장정혜, 사위 김상일과 함께 하고 싶습니다.

김덕성

목차

제2부. 내일을 바라봅니다

제3부. 고운 마음 심는 아침

제4부. 순풍에 돛을 달고

제5부. 쉼표가 있는 삶

제1부.

당신 앞에 섰습니다

나로 하여금
당신의 뜻을 어기는 자가
되지 않게 하십시오

주신 말씀으로 아니면
눈빛으로라도
내게 비추어
바로잡아 주십시오

한 걸음씩

한 걸음 다가서면
날 반겨 주시는 주님

한 걸음 물러서면
불러 주시는 주님

근심 걱정에 시달릴 때
다가와 위로해 주시는 주님

아프고 고통스러울 때
평안케 하시는 주님

쉬지 않고 다가서면
내 앞에 늘 다가오셔서
따듯한 품에
안아주시는 주님

복음의 상을 위하여
한 걸음씩 다가섭니다

포도나무

내가 매일 부족함이 없이
풍족한 마음으로
살아갈 수 있는 것도

내가 매일 근심 걱정이 없이
감사한 마음으로
살아갈 수 있는 것도

내가 매일 두려움 없이
기쁜 마음으로
살아갈 수 있는 것도

내가 매일 불안하지 않고
평안한 마음으로
살아갈 수 있는 것도

오직
주는 포도나무요,
나는 가지이기 때문입니다

영혼의 복

당신을 만나 뵐 수 있게
영혼의 맑음을 허락하여 주소서

당신께서 가신 길로
갈 수 있는 발걸음이 되게 하소서

당신의 귀한 말씀을
들을 수 있는 귀를 열게 하소서

당신의 그 찬란한 나라를
볼 수 있는 눈이 뜨게 하소서

당신을 높고 크심을
찬양할 수 있는 입을 열어 주소서

주여
저희에게 영원토록
영혼의 복을 내려 주소서

당신 앞에 섰습니다

나로 하여금
당신의 뜻을 어기는 자가
되지 않게 하십시오

주신 말씀으로 아니면
눈빛으로라도
내게 비추어
바로잡아 주십시오

살아온 날을 보면
내가 생각하기에
티끌만큼도 후회할 것이 없고
버릴 것이 없는
모두 기억하여야 할
아름다운 삶이라 생각 되지만

지금 돌이켜 보면
주님의 사랑을 배웠으나
실천하지 못하였으며

십자가의 희생을 배웠으나
십자가를 멀리하였습니다

또 증인이 되라고 배웠으나
증인이 되지 못하였으며
넘치는 은혜를 받았으나
감사하지도 못하고
보답하지도 못한 삶이었습니다

이제 결단을 내리는 시간
오로지
사랑하는 마음으로 살아서
당신께 향하는
통로가 되겠습니다

사랑의 손길

어제 내려
도봉산을 덮은 흰 눈
참아오던 내 눈에 눈물이 된다

흰 눈이 내릴 때면
붉게 물들여 놓은
저 북녘 땅,
고향이 그립다

지금도 굶주림으로
살고 있는 가족들
언제 구원하여 주실지…

제2의 예루살렘이라 부를 만큼
믿음의 고장이요 성지(聖地)로
주님이 살아 역사하셨는데…
왜 열어 주시지 않으실까?

은총이 내리는 밤

아무도 내게
다가서지 않는
외롭고 답답하고
삭막한 밤이 흐른다

내 곁에 아무도 없고
누가 다가와 주었으면
하는 마음뿐,

이럴 때 찾아오셔서
내 마음을 열어 주시는 분
기쁨과 풍성함으로
자신감을 주시는 분
주님이시다

주님은
늘 나와 동행하시며
항상 은총을 내리신다

주님의 품 안

태풍도 비켜 가고
회오리바람도 일어나지 않는
삶의 평화가 깃들인 곳
근심, 걱정, 원망도 없는
거긴 주님의 품 안입니다

푸른 초장 쉴만한 물가
환란 날의 피난처
거긴 나의 유일한 안식처입니다

이제
태풍도 눈보라도
조금도 두렵지 아니하고
세파 속에서 흔들리지 않고
기쁨의 삶이 이어지는 것은
주는 내 생명으로
늘 품어 주시기 때문입니다

주님은
나의 방패요
나의 반석이요
나의 피난처요
나의 생명임을 고백합니다

고백

검은 구름이 낀
우울한 날
폭우가 쏟아지는
그런 날
어떻게 살겠는가?
내게 묻는다면…

나는
주님께 감사하며
살겠노라고
대답을 할래요

왜냐고요
주님은
나의 구세주시오,
나의 생명이시니까요

닮아 가게 하소서

괴로움을 극복하며
고통을 이기며
당당하게 살아감은
주님은 나의 삶의
중심이 되시기 때문입니다

보람된 세상에서
실패와 부정과
거짓과 공갈이 난무하고
이어지는 부조리 속에서
믿음으로 승리할 수 있음은
주님이 중심이기 때문입니다

악이 설치는 현실에서
주께서 버팀목이 되셔서
하나님의 나라를 이루며
주님을 닮아 가게 하소서

당신만을 붙잡고

지금까지 나의 삶은
당신의 지혜보다
당신의 말씀보다
당신의 생각보다
늘 앞서 가는 삶이었습니다

그 모든 것이
잘못된 줄 알면서도
앞서 가는 삶에서
위안을 받았고
승리인양 자랑하였습니다

그 결과
나도 잊어버리고
당신도 잊어버리고
내게는 아무것도
남음이 없습니다

그동안 많은
고통도 받았습니다
슬픔도 겪었습니다
외로움도 맛보았습니다
아픔도 체험했습니다

앞으로는
가르침을 명심하고
당신만을 꼭 붙잡고
앞서지도 뒤서지도 않고
삶을 살겠습니다

은혜의 단비

바이올린의 가냘픈
멜로디가 연주되고
거친 땅에 찾아온 손

농부들 얼굴에 웃음꽃이 피고
차 한 잔을 마시며
이야기가 피어나는 여인들
마음속을 촉촉이 적시고
은은한 선율에
넋을 잃은 듯 도취된다

온 누리에
은혜의 단비가 내린다

힘겹고 바쁜 중에도
희락이 넘치는 환희의 날
모두 얼싸안고 춤을 춘다

오직 예수

세상을 살다보면
아는 것이 해(害)가 되고
모르는 것이 이로울 때가 있다

때때로 안개 낀 삶에서
마음이 바뀌어
뜨거운 사랑을 지니게 되어
너와 내가 하나가 되고

복음의 말씀을
확실히 믿는 믿음과
진리를 아는 은혜가
단비가 되어 내리고

행복의 근원이
영혼의 기쁨으로 임할 때
온전히 거하시는 이는
오직 예수

말씀 안에서

내가 가는 길이
풍랑이 거세게 일지라도
주가 주신 생명의 길이기에
선물로 받고 가겠습니다

주어진 한순간
목표에 도달할 수 있는
여정이므로
인생의 삶을 깨달았기에
저녁노을을 보면서 가겠습니다

씨앗이 뿌려진 후
싹이 트고
열매를 맺기 위한 자연현상
이것을 새로운 탄생의 시작입니다

어떤 시련도 겪으면서
말씀 안에서
새 생명으로 살겠습니다

은혜의 손길

괴로운 세상
억눌림을 당하면서도
깨닫지 못한 나에게
고비마다 품어 주셨고

헤아릴 수 없는 과오를
돌이켜 주시며
몸서리치는 수렁 속을
주님께서는 현명하게
지나치게 하셨다

죄가 되는 삶에서
용서의 손길을 펴 주셨고

보이는 것에서 감추어진 것까지
감싸주시며 덮어주시는
은혜의 손길이
승리의 삶이 되게 하셨다

축하합니다

— 김형주 장로 장립을 축하드리며

일찍이 하나님의 부르심을 받아
어머니의 믿음을 이어받고
주님을 위하여 살아오신
하나님의 귀하신 종입니다

세상의 벼슬처럼 권력도 없고
지위가 높아 큰소리치는
그런 자리가 아닌
봉사와 헌신만이 필요한
하나님의 권세만 가졌습니다

그러나 이 직분은
하나님께서 친히 주시는
고귀하고 거룩한 직분입이다

오늘은
하나님께서 인정하여
귀하게 쓰시기 위하여
종으로 기름을 부어 세우신

참으로 거룩하고 복된 날입니다

내 아버지이신 김형주 집사께서
장로로 임직을 받아
취임을 받는 날
우리 가정에 처음 있는 일로
길이 남을 축복이라 믿습니다

그런데 이 고귀한 날에
축하객이 없습니다

그 사랑하는 할머니
어머니도 계시지 않습니다

김형주 장로님! 축하합니다
따듯한 축하의 꽃다발도 없지만
저희들의 진심으로 드리는 축하로
위로함을 받아 주십시오
진심으로 축하합니다, 아버지

시냇가에 심은 나무

절망하였을 때
능력을 주시는 주님

심령이 약하여 고통을 받을 때
포옹해 주시는 주님
이제 내 모든 것 다 버리고
주님만 의지하오니
나를 인도하여 주소서

은혜가 풍성하게
시냇가에 심은 나무가
잎사귀가 마르지 않는 것 같이
목마르지 않게
말씀의 생수를 부어 주소서

주여
말씀의 능력을 받아
주 안에서 인정을 받고
쓰임 받게 하소서

제2부.

내일을 바라봅니다

한길을 메어버린 행렬
끝없이 계속되고
며칠 밤을 잤는지
헤아릴 수 없다

벌써 집은 보이지 않고
되돌아가야 하는데
되돌아가지 못하는
안타까운 이 마음

서울로 가는 길

어떤 이들은
소달구지에 이삿짐처럼
짐을 가득 실고
어린아이까지 태우고 떠나고

또 어떤 이들은
보따리를 등에 메고
그 먼 길을 떠나고
나도 보따리를 등에 지고 떠난다

벌써 자유를 찾아
떠나는 사람으로 꽉 차버린
서울로 가는 길

아마 모두들 자유가 그리워
자유의 땅으로
가고 있는 것이 틀림없다

삶의 나침반

학교에서 돌아오면
늘 돋보기안경을 쓰시고
성경을 읽으시던 어머니

너는 커서
늘 성경을 읽으며
진실한 삶의 뿌리로 삼아라
하시던 어머니

성경 말씀이
네 삶의 나침반이 되어라
당부하시던 어머니

세월은 유수같이 흘어
내 머리는 백발이 되고
아직 생사를 모르는
고향에 계시는 어머니

오늘도 나는
성경을 읽으며
어머니의 모습이 떠올라
눈물 짓는다

煥에게 · 1

煥아
계속 들려오는 포성(爆聲)
천지를 흔들어 놓았고

점점 상황이
다급해 지는데
당장 필요한 물건만을 싼
보따리를 등에 지고
피난을 떠났어

방향도 없는
삼사 일이면
꼭 돌아갈 줄
알았던 피난길

벌써 큰길에는
피난민들의 행렬이
꽉 들어찼고

이제는 피난에 밀려
자포자기 상태로
따라갈 수밖에 없는
딱한 신세
아버지와
나의 사형제와 매부
이렇게 여섯 군단

우리는 사리원과
해주를 지나 연안으로
연안에서 강화도
강화도에서 논산에

이렇게 한 달 열흘의
피난 행렬이
논산에서 해체되어
끝이 났단다

煥에게 · 2

煥아
행장도 제대로
갖추지 못한 채
급히 떠나온 피난

어느덧
마흔한 해가
지나가고
아직 막힌 담은
헐리지 않고

콘크리트 모양
세월이 갈수록
더욱 단단해 지는구나

눈물로 얼룩진
잊은 적 없는
수많은 나날들
그리움으로 변하여

아쉬운 것은 하나 둘
기억 속에서 사라지는구나

고향으로 돌아가
누군가에
꼭 들려주고 싶은
수많은 이야기들

오가는 세월 속에
모두 묻혀버릴 것을 생각하니
너무나 마음이 아프구나

환아
너라도 이야기를
잘 간직하였다가
먼 훗날 만나거든
전하여 주렴

내일을 바라봅니다

한길을 메어버린 행렬
끝없이 계속되고
며칠 밤을 잤는지
헤아릴 수 없다

벌써 집은 보이지 않고
되돌아가야 하는데
되돌아가지 못하는
안타까운 이 마음

"어디로 가지?"
"몰라요"

군대 행렬도 아닌데
줄을 선 것처럼
뒤를 따르는 사람들
말도 웃음도 없다

자포자기한 사람 모양
맥이 빠진 것처럼 보이지만
그래도 그들은
자유를 찾아가고 있다

어머니 · 1

하늘 저편에서
먹구름이 몰려와
공포감이 감돌게 하고

살을 여미는 듯한
찬바람이 불어 닥쳐
아침 공기를
어지럽게 하는데

마침내 오마니*는
따스한 손으로
오랫동안 내 손을
아무 말씀도 하시지 않고
꼭 잡아주셨다

도리어 밝고 환한 얼굴
부드러운 어조로

---

*오마니는 평안도 지방에서 쓰이는 사투리로 어머니를 이르는 말이다.

"꼭 건강하게 돌아와야 해"
하시며 눈물을
감추시던 오마니

나는 지금
일흔을 바라보는
나이로
그때 잡아 주시던
오마니의 따듯한 손을
놓을 수가 없다

어머니 · 2

시샘을 하는지
십이월 찬바람은
어머니 뺨을
붉게 물들이고 간다

무슨 일이 있어도
기도하여라, 하시던 어머니
환한 웃음을 지으며
우리의 뒷모습을
보고 계시던 어머니

강산이 변한다는
그 십 년이
몇 번을 지났는데
나는 아직 잊을 수가 없다

차라리 새가 되어
훨훨 날아
어머니 품에 안기고 싶다

사계절의 노래

봄에는 냉이 캐고
여름엔 멱 감으며

가을엔 소풍가고
겨울엔 눈싸움하고

모두 다
고향의 풍경
꿈엔들 잊을 수 없고

꿈처럼
흘러간
어린 시절이
너무나 그립구나

꿈

쫓겨 온 피난 인생
비록 옷 한 벌뿐인 인생
내게도 꿈이 있었다

비록 남루한 옷에
거지에 가까운 내 모습
어려운 생활에서도
배우고 싶은 마음뿐이었다

'분수를 알라'라는 말로
충고를 하지만
아랑곳할 것 없고

주께 기도드리며
최선을 다하여
드디어 꿈이 이루어져
배움의 길이 열리는
주님의 큰 선물을 받았다

휴전선의 하루

구름도 억센 바람도
조심스럽게 지나가다
멈춰 서는 길이 155마일
철책을 가로질러 놓은 한반도

서쪽 한강 어귀 교동서
판문점을 지나
동해안 고성 명호리까지

아직 들국화는
망울이 맺어 있을 뿐
가까스로 넘어온
다람쥐는 신나게 남쪽으로
고개를 돌려 달려간다

오가는 사람 없는
공포감이 감도는 휴전선
오늘도 병사들
빈틈없이 경계를 선다

믿음의 씨앗이 되어

— 고 김은임 권사님의 영전에

가지는 앙상하게
고운 빛깔도 향내도 사라진
늦은 가을날
하나님 나라로 떠났습니다

한 점 부끄럼 없는
인품이 빛나고
이웃들의 칭찬을 받으며
일평생 주를 위해 사셨습니다

밝은 미소는 떠나지 않았고
모든 일을 세심하고
차분하시게
누구에게나 사랑으로
싸매어 주셨습니다

일찍이 남편을 여의시고
역경과 싸우면서
일남삼녀를

훌륭히 키우신 어머니

그 인자한 얼굴엔
사랑이 가득하였고
늘 기도하시며
믿음을 지키신 어머니
그 믿음은 씨앗이 되어
우리 마음에 자라나고 있습니다

어머니
찬란한 하늘나라로 가셨기에
기쁨으로 보내 드립니다
주님과 함께
영화를 누리십시오

절망은 없다

오직 한마음으로
달려서 왔는데
도중에 중단은 있을 수 없다

뒤에는 놈들이 다가오고
앞에는 바다가 가로막는
진퇴양난의 기로에 섰고

여기는 내 본관이 있고
언젠가 찾아보고 싶었던 곳
황해도 연안

우린 그날 밤늦게까지
하나님께 예배드리며
눈물을 흘리며 기도드렸다

다음날, 웬 은혜인가
주께서 뱃길을 열어
강화도로 인도해 주셨다

회포를 풀자

판문점을 통해
소 떼가 몰려가고
남북을 연결시키는
철도가 가설되어
시운전을 하느냐 못하느냐
신문에 보도가 한창인데
자유롭게 오가는 길은
왜 열리지 않는가

서로 왕래를 하다
동서독은
통일의 기쁨을 얻었는데
이산가족이 수없이 만나는데
자유롭게 오가는 길은
왜 열리지 않는가

고향이여
문을 열어라
나는 백발이 되었는데
어서 만나 회포를 풀자구나

백사장에서

강가는
윗동네 아랫동네 아이들
학교에서 돌아오면
책가방 던져 놓고 몰려드는
유일한 놀이터

백사장에는
헤엄치는 아이들
모래집 짓는 아이들
씨름하는 아이들
늘 개미 떼처럼 모여들어
자유롭게 놀고

요즘은?
……

아 그립다
밤이 가까워 오는 줄도 잊은 채
놀던 그날이

헤아릴 수 없구나

어리광 부릴 나이
스물에 밀려 나와
어느덧 내 나이 예순
환갑이 됐는데

셀 수 있는
하얀 백발
나 몰래 찾아와
고달픈 피난살이를 말해 주고

고향에 돌아갈 날은
여전히 헤아릴 수 없구나

태양은 떠오른다

삼천리 금수강산(錦繡江山)
찬란한 햇빛 비추었네
하나님께서
기도 응답하셨네

이 민족에게
삼십육 년간의 노예에서
해방을 주시고 자유를 찾았네

놈들아 물어가라 어서 물어가라
너희들이 설 땅은
이제 추호도 여기엔 없다

하나님께서 주신 이 땅
주인은 우리니 석 물러가라

난생처음 보는 태극기의 물결
애국가는 천지를 흔든다

제3부.

고운 마음 심는 아침

등산객은
가벼운 발걸음으로
산을 오른다
모두 포근하고
삶의 보람을 느끼는 아침

산을 넘나드는
시원한 솔바람이
고운 마음을 심는다

나뭇가지 앞에서

태양은 가슴을 뜨겁게 달구고
비는 촉촉이 내려
푸름으로 황홀하게 하는 누리
주님은 이 모든 일을
지혜롭게 경영하신다

푸름이 짙어가는 가지
모습을 자랑하듯 하고
대지에 뿌리를 내려
수목이 이렇게 정답게 살까?

대자연의 주인 창조주 하나님
키우는 수없이 많은 생명의
고귀한 솜씨를 은연중에 본다

나는 새싹이 움트는
나뭇가지 앞에서
되살아나는 엄숙한 관경을 보며
생명의 주인을 생각한다

아침의 기도

이 땅 위에
새것이 없습니다
삶 속에도 없습니다
하지만 새 아침이 있기에
큰 소망을 가지고 출발합니다

오직 당신밖에
새것이 없는 줄을 알기에
새 아침을 열고
주님을 굳게 잡고
당신 앞에 더 가까이 갑니다

이 아침에
부활하심을 믿기에
따돌림을 받고
버림을 받으면서도
안아 주시는 당신이기에
소망을 두고 갑니다

말씀은 내 발에 등
내 길에 빛이 되어
삶의 기도로 시작하게 하소서

시작은 미약하나

마차산에 봄의 서곡이
한창 웅장하게 연주되는
화창한 아침

해도 웃음 짓고
봄바람마저 속삭이며
축하 메시지를 보내오고

운동장에 수많은 학생들
단상에 오른
환희의 찬 얼굴에 미소를 보낸다

교사로 첫발을 내딛는 날
내 숙원이 이뤄지는 날
새들의 축송이 아름답다

시작은 미약하나
점점 창대케 하소서

아침을 여는 기도

창문으로 여명이 숨어들어
벽에 걸려 있는 액자의 글씨가
희비하게 보이고

멀리 보이는 도봉산
밤새껏 단잠을 자고
이제 겨우 기지개를 펴며
청명한 아침을 기도로 연다

아파트 주차장에는
미리 시동을 켜 놓은
자동차 엔진소리가
아침을 실감나게 하고

막내아들은 지금 막
현관문을 열고 출근을 하고

아내와 나는 안방에 앉아
아침 예배를 드리며
하루를 연다

눈꽃

밤새 길을 떠나온
귀한 손
하얀 한 송이 눈꽃

그 하얀 마음을
창가에
마냥 뿌리는데

한 폭의 그림
은세계가 펼쳐지고
나뭇가지에 찾아온
하얀 세마포를 입은 고운 신부

온 누리도 멋있게
흰옷을 입혀 주셨는데
내게도 눈처럼
하얀 마음을 주소서
순결(純潔)한 마음을 주소서

풍성한 열매

대지가
타는 듯한 땡볕 더위
시원한 한 방울의 비도
뿌려 주지 않는데

뿌리 내린 씨앗은
아랑곳없이
땅속에서 점점 자라고

믿음도 땡볕에서
뜨겁게 익어 가고
소망은 마음속에서
뜨겁게 싹이 트고
사랑도 익어 가는데

주여
이 가을에 열매 맺어
풍성하게 수확하게 하소서

부활절

얼마나 아프셨을까
못 박음을 당하신 주님

갖은 수모를
몸소 당하며
창으로 찔림을 당하며
온갖 행패를 부리는 무리를
왜 탓하시지 않으십니까?

죄 많은 저희들 위하여
왜 오셨다는 말씀입니까?

잠자는 자에게
첫 열매가 되시는 주님
사망을 이기시며
구원의 역사를 이루신 주님
십자가는 승리하신 표상(表象)이요
사랑의 증거요
하나님의 아들이심을 믿습니다

부활절 새벽
나약하고 미련한 저희들
이 모습 이대로 주 앞에 섭니다

기도원의 아침

산새들이 금빛을 안고
신나게 하늘을 가르며 오른다

지금 막 어두움을 헤치며
태양은 금빛을 밝히며
솟아오르는 아침
축복의 하루가 열린다

거룩하고
은혜로움이 감돌고
순결한 입김이 서서히 내린다

산등성에서 울부짖는 소리
애절하게 들려오는 기도
하늘에 사무친다

모든 무리들
은혜의 바다에서
믿음의 배를 타고

소망의 노를 저어 간다

주여
마음이 가난한 자
몸이 불편한 자에게
신유의 은사를 내리소서

이 거룩하고 은혜로운 아침에
하나님의 나라가 열리고
무리들에게
성령이 불같이 임하소서

꽃밭을 꾸미자

새벽이 열리면
신작로로 트인 문을 열어라

파아란 하늘이 열면
때가 되었으니
모두 정자나무 앞에 모이자

이제
갈라졌던 길이 이어지면
각종 색깔의 풍선을 매달고

시골 학교 운동회 모양
만국기를 띄워 놓고
한바탕 북 치며 장구 치며
놀아 보자구나

진실로 길이 열려
고향 땅을 밟으면
예쁜 꽃씨를 뿌려
꽃밭을 꾸미자구나

영원한 바다

바다는 곧 만남과
헤어짐의 교육장

밀려오는 파도는
만남의 즐거움을 맛보고
밀려가는 파도는
헤어짐의 아쉬움을 느낀다

그러나 만남이 즐거움만 주고
헤어짐은 아쉬움만 줄까?

나는 바다 기슭에 서서
만남과 헤어짐을 보며
서운함과 반가움을 느낀다

헤어짐과 만남이 필연적이지만은
언젠가 헤어짐이 없는
영원한 만남의 바다가 있기에
우리는 늘 기쁨이 있다

고운 마음을 심는 아침

신선한 공기로
곱게 단장한 만물

고운 해가 얼굴을 내밀면
모두 일어나 기지개를 편다

잠에서 깨어난 아이들
들판으로 나와
창공을 향해 고함을 지르며

당당한 기세를
나타낼 때
구름도 깨어난 듯 흘러가고

새벽 기도를 다녀오시는
할머니 얼굴에서 웃음이 있고

바쁜 어머니 손맛에선
고소한 맛이 풍기고

등산객은
가벼운 발걸음으로
산을 오른다
모두 포근하고
삶의 보람을 느끼는 아침

산을 넘나드는
시원한 솔바람이
고운 마음을 심는다

새벽을 깨우는 기도

엷은 구름 사이로
파아란 하늘이 숨 쉬고
은막을 쳐 놓은 듯한 빛
하늘이 열린다

산을 오르는 길 입구에는
몸서리칠 정도로 고요하다

수목은 잠에 취해 있고
바람도 숨을 죽이며 스쳐간다
늘어선 고층 아파트에는
아침밥 짓는 냄새가 풍기고

아직도 어렴풋이 주위가
잠에서 깨어나지 못하는데
아내는 교회당으로 향한다

새벽을 여는 하나님의 자녀들
주님이 함께 하소서

밭에서

주여
지금 나의 허물을 모두 모아
당신의 밭에 깊게 파서
묻어 버리게 하소서

비록 악취가 나는
허물이지만
사랑의 흙을 덮어
용서의 밭이 되게 하소서

주의 마음을 품어
진리를 깨달아
십자가의 사랑을
실천하게 하는
주의 자녀가 되게 하소서

가을이 오면
허물을 묻어 버린 밭에서
도리어 열매가 맺어
푸짐하게 거두게 하소서

사랑이 가득하게

이 아침의
찬란히 떠오르는 빛은
이 땅 어느 곳에나 비춰주소서

손등에 햇살을 받으며
봄을 기다리는 아이들
병상의 아픈이들
벅찬 가슴의 젊은이들
외로운 노인들
소망이 가득하게 심어 주소서

또다시 우리에게 허락되는
365일의 삶의 주머니 속에
봄과 여름 그리고 가을과 겨울의
결실로 가득 채워
한 해를 다시 보내는 날에
기쁨과 감사를 드리게 하소서

행복한 사람은 불행한 이들을
건강한 사람은 아픈 사람들을
평안한 사람은 외로운 사람을
따뜻하게 보살피는 손길이 되게 하소서

이 새로운 아침에
찬란히 떠오르는 햇빛 속에
드려지는 아침의 기도가
이 땅의 모든 사람들에게
영원한 소망을 이루게 하시고
사랑이 가득하게 하소서

참회의 기도

눈에 보이지 않는다 해서
아픔이 없는 것이 아닙니다
도리어 육신의 괴로움보다
영혼의 아픔이 큼을 압니다

어떤 때는
십자가의 주님을
나와 무관하게 생각하였으며
수없이 당신에게 넘겨
뒤집어씌우며 살았습니다

모두 주께서 해 주셨는데
그동안 제가 한 것처럼
자랑하며 살았습니다

이 죄인 이제야
잘못을 깨닫고
주님의 중심으로
살 것을 고백하오니
관용 하소서

제4부.

순풍에 돛을 달고

드디어 범선은
칠흑 같은 밤을 헤치며
돛을 달고
남풍에 밀려간다

자유를 찾아간다
그렇게 그리던
자유의 나라로
바람아 불어라

진달래

봄이 곱게 불타
꽃불이 피어올라
온 누리가 발갛구나

겨우내
꼭꼭 숨죽이고
숨어 있던 불꽃

언제 올까
손꼽아 기다리던
고운 손님

진홍 꽃잎
하나 둘 피어오르더니
어느새 계곡을 점령해 버린
미의 천사
참으로 아름답구나

순풍에 돛을 달고

낭만이 살아 숨쉬고
연인의 품 안처럼
언제나 안기고 싶은
넓은 가슴의 소유자
바다라고 했다

정이 넘치고
뛰어들고 싶은
감히 꿈에서나
그려보던 바다가
내 앞에서 펼쳐져 있다

그러나
지금 내게는
낭만은 간곳이 없고
무섭고 떨리는 마음뿐
절망과 공포에 휩싸여 있고

한밤중에
배 안에 숨어
굶주림과 추움에 떨며
만조를 기다린다

드디어 범선은
칠흑 같은 밤을 헤치며
돛을 달고
순풍에 밀려간다

자유를 찾아간다
그렇게 그리던
자유의 나라로
바람아 불어라
어서 불어라

비

건조주의보가 발령된
가뭄 지역 사람들에게
귀한 한 장의 편지

목말라 애타고 있을 때
해결해 주는 청량음료

파란 얼굴을 한 나무
폭포 모양 쏟아져 내리는
반가움에 어찌할 바 몰라
그저 두둥실 춤을 춘다

갑자기 신록의 옷을 입고
그윽한 향기 품어 낸다

첼로의 은은한 선율
빗소리와 하모니가 되어
들려오는 한밤의 찬미

영혼의 풍요

나뭇가지를 떠난
마지막 남은 단풍
아쉬움도 잊은 채
가을바람에 날려 간다

지금은 고향을 떠나
이리저리 뒹구는 단풍
한때 그늘이 되어 주고
쉼터가 되었고
시원한 안식처가 되어 주었다

단풍 밑에서는
이야기꽃이 피었고
사랑이 맺어지는 유일한 곳

지금 나는 그 예쁜 단풍을
책갈피에서 꺼내어 보며
영혼의 풍요함을 느낀다

좋은 친구이어라

하얀 거품을 품고
삼켜 버릴 듯 밀려오는
인도양 앞 바다 기슭에 서서
너를 바라보며
가슴을 편다

좌절하지 않은 채
수없이 밀려왔다
밀려가는 너는
힘이 있어서 좋다

의심이란 있을 수 없는
떠나갔다 다가와
하얀 마음으로
입맞춤하는 너는
믿음이 있어서 좋다

실패가 있을 수가 없고
조금도 양보가 없는

끈질기게 달려드는 너는
젊은이 있어서 좋다

의지와 끈기를 가진
네 진실한 모습을
하나님께서 인생들에게
삶의 진리를
깨닫게 하려고
창조주께서
창조하였는지 모를 파도여

너는 나의 진정한
좋은 친구이어라

강화도

여러 풍운을 이겨 낸
역사의 산실
외침과 변란(變亂)도
강인한 저력으로 이겨내며
수차에 걸친 천도로
서울의 역할을 담당한 강화도

내가 자유를 찾아
피난 보따리를 매고
수백 리를 걸으며
바다를 건너
첫발을 밟은 잊지 못할 땅

지금 나는 반세기가 지난 오늘
백발을 휘날리며
저 북한 땅이 바라보이는
강화도 한 부두에 섰다

첫발을 내디디며
감격의 눈물을 흘리던
그날 되살리며
다시 감격의 눈물을 흘린다

큰 섬 중에 큰 섬
오랜 역사가 묻혀 있는
국난을 슬기롭게
극복한 강화도

너는 미녀처럼 아름답구나
쇠붙이처럼 강인하구나
영원하여라 강화도여!

주님이 좋아하실까?

넓은 바다에서
이사 온 고기 떼들
어항 속에서
살아가는 모습을 본다

수온이 다르고
비록 환경이 달라도
참고 견디며 살아가는 고기 떼

어항 속에서 먹고 마시며
신나게 헤엄치는
고기 떼를 보고 있다

우리도 이런 어항에서
사는 것이 아닐까?

그러한 공간에서
서로 잘났다고 하면서 살고
못살겠다 불평하며 산다면

물이 흐려져
죽게 되지 않을까?

우리는 좁은 공간이지만
고기 떼처럼 서로 얼싸안고

서로 사랑하며 양보하며
함께 알콩달콩 살아가면
주께서 보실 때
얼마나 좋아하실까?

광안리 해수욕장

흰 갈매기는
집을 찾아가고

수많은 인파(人波)는 어디로 갔는지
지금은 아이들 두셋이
모래집을 짓는
한산한 해수욕장

그래도 파도만은
하얀 거품을 쏟아 놓고

다시 일어나 몰려가는
웅장한 모습이
수없이 지속된다

뜨겁게 달아오른
여인의 고운 살결
저녁 바람이 식혀 주고

바이올린 소리를 내며
지나가는 바닷바람
밀려오는 파도소리
하모니 되어 들려온다

광안리 해수욕장의
뜨거운 여름
저문 저녁 바다
더욱 감미롭게 한다

판문점

개성서 서울로
오가던 길손들이
쉬어 가던 주막골을
옛 이름으로 널문리라 했고
지금은 새들만 넘나드는
판문점을 일컫는다

널빤지로 만든 문이란
뜻으로 쓴 그곳은
철조망으로 가로막혀
원한 서린 휴전선

쉬어 가기보다
오가지도 못하는데
구름만 넘나드는구나

나는 지금 북으로
갈 수 있는 제일 가까운 곳
공동경비구역

판문점 회담장소에 서서
북으로 뚫린 길을 바라본다

휴전선을 긋고
이쪽은 내 땅, 저쪽은 네 땅
회담장 안, 양쪽 테이블
양쪽 군인들의 삼엄한 경비
공포가 감돌고

돌아오지 못한다는
유명한 돌아오지 않은 다리
언제 휴전선을 말끔히 지워
다시 널문리가 되어
길손들이
오고가며 쉬어 갈까?

논산

고즈넉한 고택(古宅)
백제의 숨결이 느껴지는
예학의 본고장

꿈의 이상향
잊을 수 없는 또 하나의 고향
피난 봇짐을 남한 땅에
내려놓은 뜻 깊은 고장

고향을 떠나온 지
한 달하고 열흘
부은 발 어루만지며
새로운 삶이 시작한 곳

포효하는 호랑이 형상
논산평야 양곡의 집산지요
금강이 흐르는 기름진 땅

내 믿음과 꿈이 살아나
내일의 기둥이 되게 한
고마운 논산이여!
영원히 빛나라

꿈을 가져라

어두움을 뚫고 솟아오르는
찬란한 태양과 같이
꿈을 지녔으면…

꿈을 가진 사람은
위대한 업적을 남겼고
창조하는 능력이 생기고
역사를 바꿨다

꿈이 없는 사람 내일이 없고
목표가 없고 결과도 없다면
쓸모없는 인생이 아닐까?

꿈은 시금석
미래를 여는 밝은 등불
꿈은 삶에서 생명이 되며
세상은 꿈이 있는 사람이
목표를 달성할 수 있다
꿈을 가져라!

이름 없이 빛 없이

주님의 제자가 되겠습니다
그동안 세상일에만
땀을 흘리며
노력을 하였습니다

귀중한 주님을
잊어버리고 살아온 셈입니다
주님을 위해 산다고 하면서
딴청하면서 살았으니까요

그런 저를
오늘에 있게 한 것은
오로지 주님께서
사랑으로 붙드셨기 때문입니다

이제야 주님의 제자가 되어
남은 생애를
주님만 위해 살겠습니다

영광스러운 길

솔직히
오직 한 길을 걸어왔습니다

그동안
모든 것을 잊어버리고
그저 아이들 틈에 끼어
시간 가는 줄 모르고
열심히 왔습니다

어느 날
운동장 가운데 서서
"정년퇴임(停年退任) 수고하셨습니다"
사열대(査閱臺) 위에 붙은 현수막을 보고
제자리를 찾은 셈입니다

제일 영광스러운 길을
잘 달려왔다고
칭찬을 보내 주지만
도리어 부끄러움을 느낍니다

방황하고 있었는지
무엇을 찾고 있었는지
하여튼 서운한 마음을 떨치고
과감하게 일어섭니다

지금 후회도 없고
오직 감사하는 마음뿐으로
제2의 인생을
힘차게 엽니다

순풍에 실려

지척을 분간할 수 없는
어두운 망망대해
동서남북을
가늠할 수 없고
어디로 가는지
도무지 알 수가 없는 밤

돛단배는
바다 위를 미끄러지듯
순풍에 실려 가고

아직 어두움이
둘러져 있는 바다
추위는 온 몸을 얼린다

어디쯤 왔을까?
궁금한 마음뿐인데
선장의 음성이
밤을 가른다

"강화입니다"

순간 얼었던 온 몸이 녹고
꿈이 아닌가? 꼬집어 본다

'자유의 땅이다'
함성이 하늘을 찌르고
나를 인도하신 주님께
감사드린다

병사의 눈동자

안상한 나뭇가지에
내려앉은 하얀 눈 위에서
다람쥐가 재롱을 부린다

가늠해 놓은 총구에 머문
초년병의 예리한 눈동자는
삼백육십오일
총 끝에서 떠나지 않는다

용광로처럼
병사의 열기를 더해
구슬땀이 흐르고

에일 듯한
찬바람을 이기며
파수꾼의 직무를 다한다

제5부.

쉼표가 있는 삶

나를 잃고 천하를 얻으면…
나는 지금 쉼도 잊어버리고
살아온 나날들을 생각한다

자기의 쉼을 찾는 것은
더욱 보배로운 삶이다
인생의 쉼표는
내일을 위한 원동력이 된다

덕으로 사는 세상

세상은 서로의 덕으로 산다
나는 네 덕으로 살고
너는 내 덕으로 산다
때문에 세상은 모두 평등하다

어려운 사람은 부자의 일을 돕고
부자는 어려운 사람을 도와
윤택하게 한다
때문에 세상은 서로 도우며 산다

사람은 서로가 소중하다
그렇게 되기 위해서는
비굴해 할 필요도 없다

남에게 본이 되며
맡은 일에
최선을 다하는 삶이
필요한 세상이다

밝은 세상이 되고

언제나 사람에게
꼭 지녀야 하는 것
그것이 무엇일까?

이것저것 필요하지만
그 중에서도 인생에 있어
사랑이 필수품이 아닐까

왜지요?
사랑은 마음속에서
부드럽고 아름다워지며
설혹 어려움을 당할 때라도
당당하게 삶을
열기 때문이지요

그 사랑은
주님의 십자가의 사랑
몸소 지시고 피를 흘려
증명해 주셨고

우리에게 베푸신 선물이지요

그렇기에 사랑은
무조건 주는 것 외에도
참아야 하며
투기하지 않아야 하며
교만하지 않아야 하는
책임을 지니고 있지요

사랑은 꼭
지니고 다녀야 할 필수품,
사랑으로 밝은 세상이 되고
품위 있는 사람이 되죠

지울 수 없는 얼굴

골짜기에는
진달래꽃이 붉게 타고
거기 비치는 누나의 얼굴
너무나 선명하구나

창가에 기대어
남쪽을 바라보고 계실 누나
눈물로 얼룩진 창에는
언젠가 이야기해 줄
수많은 사연들이
차곡차곡 기록되어 있다

꿈에나 만날 수가 있을까?
세월 속에 하나 둘
묻혀버릴 사건들이
아쉽기만 한데…

지우려고 해도
지울 수 없는 얼굴
누나가 그립다

인정을 받는 사람

기쁨이 없는 사람은
절대 웃음이 나올 수가 없어요

사랑할 줄 모르는 사람은
이웃을 사랑할 수가 없어요

꿈이 없는 사람은
꿈을 꿀 수도 없어요

행복을 모르는 사람은
행복을 누리며 살 수가 없어요

믿음이 없는 사람은
주님을 만날 수가 없어요

하나님의 자녀여
부당한 일을 행하지 말고
오직 인정을 받는 사람이 되라

쉼표가 있는 인생

악보에는 쉼표가 있다
만약 쉼표가 없다면…
인생에도 쉼표가 없다면
얼마 안 가서 숨이 차 쓰러지리라

사람들은 너무 열심히 산다
과속인지 속도 감각을 잃은 채
쉬지도 못하고 마구 달린다

목표 달성이란
슬로건을 내걸고
자기에 대한 쉼도 없이
마구 달려가기만 한다

나를 잃고 천하를 얻으면…
나는 지금 쉼도 잊어버리고
살아온 나날들을 생각한다

자기의 쉼을 찾는 것은
더욱 보배로운 삶이다
인생의 쉼표는
내일을 위한 원동력이 된다

눈 내리는 날

— 고 김형주 장로님 영전에

마흔이 조금 넘은
아직도 젊은 연세로
월남하신 아버지
북에 두고 온 어머니를
한시도 잊은 적이 없다고
고백하시던 아버지

많은 사람들은
와중에 재혼을 하지만
외로움을 믿음으로 인내하여
환고향하는 날만 기다리며
교회 장로로 믿음을 지키신
자랑스러운 나의 아버지

아직도 관악산에
흰 눈이 쌓여 있는데
사흘간 입원하여 계시다
퇴원한 날 저녁
밖에는 흰 눈이 내리는데

끝내 일흔일곱의 나이로
한시도 잊을 수 없다는 어머니와
하직인사도 나누지 못하고
타향서 그 긴
피난살이를 접으셨다

“아버지! 환고향하여
어머니를 꼭 뵙고 가시지오”
자녀들이 애타게 붙잡는데도 뿌리치시며
하나님의 부르심을 받고 떠나셨다

안녕히 가십시오
믿음을 지키시며 굳세게 사신
나의 자랑스러운 아버지…

나무골 이야기

마을 한가운데
높은 터 위에 서 있는 교회
종탑 위에 십자가는
온 동네를 내려다보고
복음이 집집마다 전파된
복된 마을

아늑하고 평화스러운
옛날에 나무가 무성해 그랬는지
나무 파는 장터라 그랬는지
나무골이라 불렀다

오목네 다리 건너
둑 위에 올라서면
눈앞에 펼쳐진 기름진 들판
훤하게 다가오고
누군가 그렸는지
한 폭의 그림 같고…

내일을 만들면서
꿈이 피었던 정다웠던 곳
아내의 고향이기도 한 나무골은
아파트로 숲을 이루어
옛 모습은 간데없구나

그리고
나의 사랑하는 믿음의 친구
경수, 범학, 종화도
모두 고향을 떠나
뿔뿔이 흩어져
안타까운 마음 금할 수 없구나

오, 나무골
영영히 잊을 수 없구나

서로 사랑을 하며

사람들 사이에서 베풀고
연결해 주는 도구
그것은 주님의 사랑입니다

사랑은 받기 위함보다
주기 위한 신선한 선물,
목숨까지도 내주는 그 사랑은
주님은 사랑입니다

삶에서 보배로운 역할을 하여
진실을 만들어 갑니다

사랑은 주는 것뿐만 아니라
받는 데도 큰 의미가 있어
사람들 틈에서 사랑이 만들어져
성숙한 사람이 됩니다

주님의 사랑을 나눌 때
장미꽃처럼 곱게 피어납니다

오묘한 솜씨

봄은
나뭇가지로부터 오나 보다

어젯밤 찾아온 손님이
뿌리고 간 비로
유난히 활짝 핀 나뭇잎이
싱싱하게 아침을 연다

한때 눈으로 덮이어
온 몸이 얼어 있던 잎이
갖은 고통을 이겨 내고
승자가 되어 봄을 연다

진달래, 아지랑이
갖가지 색의 조화가 이루어져
하나님의 오묘한 솜씨를
한창 자랑한다

이렇게 살자

가진 것으로 만족하며
노력의 대가로 보람을 찾는
청결하고 풍부한 삶을

마땅히 받았으니
베풀며 나누면서 살아가는
사랑과 보응의 삶을

농토에 씨를 뿌리며
가을의 푸짐하게 거두는
땀과 은혜의 삶을

사람의 중심을 보고
만족을 찾는
자비와 절제의 삶을

실패로 좌절하지 않고
남의 잘됨을 부러워하지 않는
인내와 노력의 삶을

항상 모든 일에 기뻐하고
어려울 때 함께 하는
환희와 위로의 삶을

서로 양보하므로 뜻을 이르고
실망하지 않고 굳세게 사는
겸손과 믿음의 삶을 살자

독수리처럼 날아라

향내를 풍긴다
봄의 꽃처럼 예쁘게,
누구에게도 웃음을 선사하고
온 누리에 네 향기로 가득하고
하나도 부족함이 없고
두려움이 있을 수 없는
너희에게는
누구도 당할 자가 없다

아이들아
꽃처럼 곱게 자라거라
주님의 사랑을
듬뿍 받으며…

오늘은 네 날이다
활기차게 뛰며
슬기롭게 자라라
큰 꿈을 지니고 훨훨
저 창공을
독수리처럼 올라라

귀중한 분

생각해 보면
지나간 것들은
모두 하나님의 은혜

나는 늘
조그마한 잘못이라도
주님께 돌리며 원망하였고

모든 슬픔과 탄식
견디기 어려운 고통
나의 몫이 아니라
주님의 몫이라 생각했다

그러나 생각해 보면
잘못은 나였고
아프신 분은 주님이셨다

내 안에서 늘 도와주시고
함께하시며 귀중한 분은
주님이심을 고백한다

열매가 되어

— 고 박순신 전도사님을 추모하며

님은 어두워 가는
농촌을 구하기 위해
젊은 나이로
도시 생활을 청산하고
나무골에 들어와
젊음을 불태우셨습니다

연약한 여자로 십자가를
몸소 이행하며
목동교회서 사역하며
충성되고 능력 있는
인품과 지조가 겸비하신
주의 종이었습니다

내일의 주인이 될
청소년들을 위해
성애고등공민학교를 개설
미래의 일꾼을
키우신 장하신 분이셨습니다

그런데 국군이 입성 전날 저녁
환영할 태극기를
아이들과 만들고 있을 무렵
놈들의 총탄에 맞아
하나님의 나라에 입성하셨습니다

님의 고결한 가르침이
오늘 우리들의 등불이 되어
우리들 맘속에
열매가 되어
자라고 있습니다

이산가족의 만남

울음의 바다
꼭 돌아올게, 하며
다짐하며 헤어진 지 50여 년

곱던 얼굴이 어디 가고
주름만 보여
세월은 원망스러운데
얼싸안고 이야기해도
찢어질 듯한 아픔은 해결할 수 없네

이념 때문인가
누가 강요하는가
그 오열하는 모습에서
얼마나 가슴 아픈지 보았는가

'건강해야 해'
'만날 수 있어'
부둥켜안고 울며불며
서로 이별을 안타까워한다

'이상가족 만남'
촌극의 한 장면이
운을 남기며 막을 내린다

단풍

이제 곧 떠나려는
마음마저 붉어진 단풍

차라리 파란 하늘을 닮아
청청함을 펴던 때가 어제인데…

떠나는 아픔을 참으며
약속을 지키며
제 몫을 다하려는 마음 본다

가을바람을 받아 마시며
영글어 놓은 대지 위에
하나님의 입김처럼
은은하게 가을비가 내리고

굳게 자리를 지키는
당풍을 보며
나는 힘을 얻는다